GG

n° 899

ce roman les tres rares
Et nest pas a la bibliothe
que Duroy .

V 2

(Attribué à Corneille
Blessebois, d'après
Barbier.)

LE ZOMBI

DU GRAND

PEROU.

LE ZOMBI
DU GRAND
PEROU:
OU
LA COMTESSE
DE
COCAGNE.

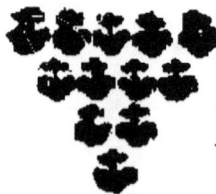

Nouvellement imprimé le ...

LE
ZOMBI
DU
GRAND PEROU:
OV
LA COMTESSE
DE COCAGNE.

HISTORIETTE.

LA Femme belle & insensée, est comme un aneau d'or au museau d'une Truye : Ces paroles de Salomon conviennent tres-bien à la Comtesse de Cocagne. Tout le monde sçait qu'Elle ne manque

A

points d'atraits pour une
Créole, mais que sa beau-
té n'eft point ornée de chaf-
teté, de pudeur, ni de mo-
deftie ; Elle a une fi fu-
rieufe haine pour la fagef-
fe, qu'Elle n'aime pas même ceux des hommes qui
en ont un peu : C'eft une
Truye parée de l'or de fa
beauté, & qui fe plaît uniquement dans la bouë &
dans l'indignité de fes ac-
tions : Elle eft toûjours
prête à proftituer fon honneur à fes molleffes , &
tous ceux qui l'en veulent
croire, font les inftrumens

de ses débauches de tous les jours.

Ce seroit vainement que cette jeune Femme
   Voudroit déguiser son ardeur;
Sa folie est liée à son debile cœur,
Son cœur la communique à sa malheureu-
    - reuse ame;
Son ame la répand à gros flots au dehors,
   Elle en forge des fers à son dangereux
    Corps,
    Son Corps obeït en esclave,
    Et cêt esclave est si brutal,
    Envers Dieu qu'il bait & qu'il brave
    Qu'en se joüant il fait le mal.

J'étois seul chez le Marquis du Grand Perou un matin qu'Elle vint me rendre visite : Bien qu'Elle marchoit à pié nû , à la

maniere des Indiennes , fa
gloire ne laiffoit pas d'é-
clater à fa confufion , &
fon orgueil fembloit être
venu faire infulte à mon
humilité : Elle fe coucha
d'abord dans un Hamac ,
& me dit qu'Elle venoit
s'entretenir avec moi, fur
un fervice que je pouvois
lui rendre , fans defobli-
ger perfonne. Je croi , lui
répondis-je , que vôtre entretien n'eft guere necef-
faire à falut ; neanmoins
vous pouvez propofer , &
s'il y a quelque chofe de raifonnable dans vos deman-

des , je pourai peut-être
vous satisfaire.

Cette scrupuleuse façon
De lui promettre quelque chose
Fit naître un tendre ris sur sa bouche de rose
Où l'amour me tendoit un subtil hameçon.

Vous sçavez-bien , me
dit-Elle , que je suis broüil-
lée avec le Marquis du
Grand Perou , mais peut-
être que vous n'en sçavez
pas la cause , & je m'af-
sure que vous allez la trouver fort étrange. Aprenez
donc que la derniere nuit
qu'il vint chez moi , il é-
toit si soû , qu'à peine pouvoit il mettre un pié l'un

devant l'autre apres qu'il
fut defcendu de Cheval,
& que mon malheur vou-
lut qu'il y rencontra Boüé
ce miferable petit Irois,
qui fert aujourd'hui chez le
Fermier du Comte de Bel-
lemontre mon beau frere.
D'abord fa jaloufie monta
fur des échaffes ; il me dit
plus d'injures, qu'il n'avoit
bû de verres de vin ; il
courut l'épée à la main a-
pres cét enfant pour le tüer,
mais Dieu permit qu'il
tomba , & je le fis porter
fur mon lit, où il dormit
longtems , avec auffi peu

d'aparence de vie, que s'il en eût été privé. Apres cette premiere cuvée, il entr'ouvrit les yeux & les mains, pour les jeter sur moi, qui étois assise sur une chaise, à côté de mon lit, & qui enrageois de bon cœur des outrages qu'il venoit de me faire. Je resistai fierement à ses caresses, & ne voulus point me ranger à ses côtez. Je lui fis des reproches à mon tour, & des reproches si justes, mais tellement sensibles, qu'il eut l'éfronterie de me donner un sou-

flet. Cette action, où vrai-
semblablement je ne de-
vois pas m'atendre, m'a-
luma d'une colere extré-
me ; & fans perdre le tems
en de vaines plaintes, je
le traitai à la pareille, a-
vec une vigueur qui n'eft
pas naturelle aux perfon-
nes de mon fexe, & qui
lui donna beaucoup à pen-
fer. Neanmoins aprés s'ê-
tre un peu remis de fon
étonnement : Vous êtes
bien hardie, Comteffe,
me dit-il, d'ofer ainfi mettre la main fur un hom-
me ? Et vous, Marquis,

répondis-je, n'êtes-vous pas
un veritable lâche de joüir
de mon bien , de venir
dans mon lit chercher des
faveurs , & de m'en remer-
cier à coups de poing ? si
vous n'aviez pas été yvre
comme une soupe , n'au-
riez vous pas sacrifié l'innocence de Boüé à vôtre
cruelle jalousie , & achevé par cette belle action,
de mettre mon honneur
à veau-l'eau ? Quelle liberté vous donnez-vous chez
moi ? suis je vôtre Fem-
me ? songez-vous à deve-
nir mon Mari ? Et ne se-

riez-vous déja pas engagé
ailleurs, si l'offre de vos
fervices & de vôtre foi a-
voit été agreable à la jeune Demoifele, à qui vous
la fites dernierement, d'-
une maniere fort efpagno-
le ? Je vous declare que je
ne veux plus être si facile,
& que vous m'obligerez
fort de ne venir plus infec-
ter ma chambre de l'odeur
du vin que vous fouflez toutes les fois que vous y venez. Vous avez raifon,
Madame, me dit il en for-
tant, & je vous promets à
l'avenir plus de repos que

vous n'en souhaiterez ; vous n'êtes-pas mal conseillée, mais je doute que ces bons conseils vous trouvent long-tems dans la volonté de les suivre.

> Il en parloit avec esprit,
> Car je trouve dans ma memoire
> Que cette gaillarde m'a dit,
> Qu'Elle aimeroit mieux être un an en Pur-
> gatoire,
> Qu'une nuit seule dans son lit.

En effet, la Comtesse prononça ces pitoyables & dernieres paroles en soupirant fortement, & en me faisant connoître que les brusqueries du Marquis

lui étoient plus fuportables
que fon abfcence. C'eft
pourquoi, apres l'avoir re-
gardée avec un air dédai-
gneux; c'eft Dieu, lui dis-
je, qui donne à l'homme
une femme fage ; mais je
croi que c'eft l'efprit de
malice qui vous a donné
au Marquis du Grand Pe-
rou ; la femme fage bâtit
& éleve fa maifon, & vous
qui êtes infenfée, vous dé-
truifez nonfeulement la votre, mais vous faites chan-
celer celle de votre voifin
fur fes fondemens. Vous
aimez fans raifon un hom-
me

me qui feroit foû de vous
aimer ; Vous êtes mariée,
& vous voulez qu'il vous
époufe ; vous lui donnez
de l'ombrage , & vous ne
voulez-pas qu'il en prenne;
il paffe pardeffus vos foi-
bleffes, & vous ne fçauriez
fouffrir les fiennes; enfin,
vous le chaffez de chez
vous , & vous ne voulez-
pas qu'il vous obeiffe ? Non,
acheva t'Elle, & fi vous me
tenez parole , vous le ren-
verrez dans mes bras ,
vous en fçavez les moyens
j'en fuis pleinement con-
vaincuë , & je vous en de-

mande la grace.

Alors fes beaux yeux fe changerent
En deux vives fources de pleurs,
Qui fur fon vifage coulerent,
Et j'en vis inonder les plus brillantes fleurs;
Ces fideles témoins de fes fortes douleurs
A la verité me toucherent,
Mais quoi j'avois affez de mes propres mal-
heurs,
Et pour la foulager me croyant inutile,
Mon teint prit feulement quantité de cou-
leurs
Qui flaterent l'efpoir de ce fin crocodile.

Qui plus eft, je crûs bonnement qu'Elle fe moquoit
de moi, & j'ouvrois la bouche pour m'en pleindre,
quand Elle me la referma
par une innocence qui a

ouvert le Teâtre à la Piece
qui a été joüée, qui dans
le fond n'eſt qu'une baga-
telle, & que neanmoins
l'on voudroit faire dege-
nerer en Tragedie, ſi je
ne faiſois ſortir la verité
de ſon puis.

C'eſt ainſi que d'une étincelle
ſi naît un grand embraſement;
Si la comparaiſon ne ſemble pas nouvelle,
Au moins elle va rondement.

Vous voila bien ſurpris,
Monſieur de C... reprit la
Comteſſe , croyez-vous
donc que le Marquis ne
m'a pas dit ce que vous
ſçavez faire ? Et que ſçai-

je faire, Madame ? Tout
ce qui vous plaît , continua-t'Elle ; le bien & le
mal font également dans
vôtre difpofition , & vous
alumez l'amour & la hai-
ne avec autant de facilité,
qu'un autre perfonne alu-
me ou éteint un flambeau.
Aparement que je fuis
Sorcier , repartis-je ? Non
acheva-t'Elle , mais vous
êtes Magicien , vous te-
nez le Diable foûmis à vos
ordres , & c'eft un peu de
fecours de l'art que je vous
demande , pour rentrer
dans la faveur du Marquis.

C'eſt fort bien dit, belle Comteſſe,
Je ſuis unique en mon eſpece,
Car le Diable n'a point de part,
Aux jolis ſecrets de mon Art.
Quand je renverſe une Maîtreſſe
Ma magie a d'autres reſſorts,
Qui ſont plus lians & plus forts,
Lors que ſur la verte fougere,
Dans le Bois ou dans un Verger
J'ai pris l'heure de la Bergere,
J'ai toûjours celle du Berger.

Cette gentilleſſe ſecha mieux ſes larmes, que les plus ſaintes conſolations dont j'ûſſe pû me ſervir; car comme la moindre choſe eſt capable de la fai-re pleurer, la moindre cho-ſe auſſi eſt capable de la faire rire. Mais pour ne la laiffer pas plus longterns dans une opinion qui m'étoit defavantageufe; Vous avez l'efprit malin , lui dis-je, & vôtre langue a de la peine à fe retenir en parlant. J'ai quelque fecrette raifon pour ne croire pas que le Marquis vous ait fait des contes fi pleins de peché ; ou fi vous dites vrai, j'ai lieu de craindre qu'il ne me tende des filets pour me faire tomber , j'effaierai d'y donner bon ordre.

Bien qu'il foit un grand Oifeleur
Je fçaurai de fes rets éviter la furprife,
   Les Corneilles de ma couleur
  Ont un Renard pour leur devife,
On a peine à duper une Corneille grife.

Cette aparence de bonne humeur où Elle me vit lui donna la liberté de redoubler fes impertinentes prieres, & de me promettre des montagnes d'or dans l'avenir, fi je voulois la rendre invifible, & lui faciliter les moyens de venir éfrayer le Marquis dans fon lit, lui reprocher fon inconftance, & le menacer d'un trouble continuel,

s'il ne satisfaisoit à la pro-
messe qu'il lui avoit faite
de l'épouser , apres qu'il
auroit employé toutes ses
forces pour faire rompre
son premier mariage.

Cessez de vous tromper vous mêmes,
Lui dis je d'un ton serieux ;
J'atteste la Terre & les Cieux
Que je ne connois point le Dieu qui fait
qu'on aime
Autre part que dans vos beaux yeux,
Employez leur pouvoir suprême,
Ils vous serviront beaucoup mieux,
Ce sont les Maîtres de ces lieux.

Ah que vous faites long-
tems le fin , répondit-Elle ;
il vous est avis que nous

ne fçavons pas bien que
quand vous êtiez fur les
Galeres de France , vous
ne fubfiftiez que des revenus du commerce que vous
entreteniez avec l'Ange
noir ? neanmoins , tous
ceux qui en font revenus
avec vous , nous ont fi-bien
fait vôtre éloge , que nous
ne croyons point de mer-
veilles au deffus de vôtre
pouvoir. Je ne vous de-
mande que la grace de me
rendre invifible pour une
feule nuit ; aurez-vous la
dureté de refufer une jeune Femme que vous trou-

vez parfois jolie ; & ferai-
je donc la feule Amante
infortunée , qui ne joüira
point du benefice de vos
fublimes   connoiffances ?
Hé, Monfieur de C.. fai-
tes quelque chofe pour moi,
& ......

C'en eft affez, interromps-je ,
Vôtre mauvais deftin m'aflige,
Nous y pouons remedier un jour ;
Je vais fueilleter tous mes titres
Qui font divifez par chapitres ,
Et fi j'ai quelque droit d'empire fur l'amour
Le Marquis du Perou reverra vôtre Cour.
Cependant enfilez promptement la venelle
Le bon-homme la Foreft vient,
Si ce vieux efpion, dont la haine immortelle
Sans ceffe de vous s'entretient
Nous aloit voir jazer de compagnie,

Il en feroit auffi jazer la calomnie,

Et comme vous fçavez le Marquis eft jaloux

    Un moucheron lui donne de l'ombrage,

Il veut, quoiqu'il foit fou, que vous pa-

    roiffiez fage,

    C'eft donc pourquoi retirez-vous,

    Laiffez-moi faire ; filez-doux ;

J'ai de l'experience ainfi que de l'ufage,

Et le Ciel l'aime bien s'il peut parer mes

    coups.

La Comteffe de Coca-
gne obeyt, & j'ûs beau-
coup de joye de m'en être
défait à fi bon marché.
Peut-être qu'Elle n'avoit
pas encore paffé la riviere, lors que le Marquis
du Grand Perou revint
auffi du Marigot : Il n'a-

voit non plus d'enjoüement qu'un habitant mal aisé, qui a perdu le meilleur de ses Négres : Ce malheur lui étoit arivé le soir précedent, & ce fut pour divertir en quelque façon sa melancolie, que je lui racontai l'entretien que j'avois eu avec sa Maîtresse, & l'envi qu'Elle avoit de faire le Zombi pour l'épouventer, & pour lui faire mettre la main à la conscience. D'abord il trouva bon de la faire venir dans nôtre Chambre pour rire de sa facilité ; mais apres

un

un peu de reflexion, il re-
mit la partie à ſon retour
de la grand-Terre, où il
alloit le lendemain couper
du bois, pour faire ſon
Moulin à eau.

Je ne ſçai ſi ſa jalouſie,
Avoit ſur ſon eſprit fait quelque impreſſion
L'ame d'un amoureux en eſt ſouvent ſaiſie,
Mais tout le jour il fut en fantaiſie,
Et ſoûpira d'afliction.

Je n'avois pas fait cette
confidence au Marquis a-
vec tant de précaution,
que le Prince Etranger
qui a un apartement &
des Eſclaves au Grand Pe-
rou, & qui nous épioit de

C

loin, n'en foupçonnât quelque chofe ; il ne me donna point de repos que je ne l'en euffe rendu fçavant; & comme il aime uniquement le plaifir , il me convia avec inftance , de lui faire joüer le perfonnage que je voudrois dans cette Comedie.

Je le reçûs facilement
Et fa joye en parut d'abord fur fon vifage;
Il me fervit utilement
Cat il fait affez bien un mauvais perfon
nage.

Trois jours s'écoulerent fans que le Zombi prétendu revint à la charge , &

le soir du quatriéme , je
rencontrai la Comtesse auprés de la vieille Sucrerie
du Marquis , qui venoit
me faire de nouveles su-
plications , de lui mon-
trer un essai de ma som-
bre doctrine. Nous avions
un peu trempé la croûte,
Elle s'en aperçût bien , &
sçût adroitement profiter
de l'ocasion. Voyant donc
que je me faisois un peu
tirer l'oreille , mais que ma
resistance étoit foible ; Elle me baisa d'une maniere
si tendre & si touchante,
que toute ma fierté s'éva-

noüit , & que je lui don-
nai toutes les marques qu'-
Elle voulut de ma com-
plaifance.

Que ne peut un tendre baifer
Sur un cœur un peu fufceptible?
Ce gage précieux fait tenter l'impoffible,
Il fait tout faire & tout ofer.

Il y avoit longtems que
nous avions foupé quand
fon Alteffe Iroife & moi,
nous allâmes nous coucher
dans la Chambre haute,
où l'Engagé du Marquis
trembloit la fiévre. Le bon
homme la Forêt étoit ref-
té en bas , & avoit fermé
fur nous la porte du Ma-

gazin , & je croi que perfonne ne dormoit encore
quand la Comteffe de Co-
cagne entra par la porte
de derriere , que j'avois eu
le foin de tenir ouverte , &
monta dans nôtre Cham-
bre fous l'équipage d'un
Zombi de couleur de né-
ge , & dans la croyance
qu'Elle étoit invifible. Le
Prince étranger , comme
j'ai dit , avoit le mot , mais
Elle n'en fçavoit rien , &
c'étoit fur lui que nous a-
vions refolu qu'Elle feroit
fon chef-d'œuvre. D'abord
Elle fe promene à grands

pas, Elle agite furieufement les fenêtres de nôtre Chambre, Elle nous frape l'un aprés l'autre, & fait tant de mouvemens divers & furprenans, que le bon homme la Forêt qui êtoit en bas, en fut faifi de frayeur, & me demanda plufieurs fois ce que c'étoit. Nous répondimes, le Prince étranger & moi, que l'on nous batoit, mais que nous ne voyons perfonne; l'Engagé du Marquis en difoit de même, & le pauvre garçon ne mentoit pas, car il fe ca-

choit dans son lit, avec un
soin qui faisoit connoître
au Zombi qu'il auroit aussi
bien voulu être invisible.
Enfin, la Comtesse de
Cocagne, aprés avoir fait
au Prince étranger toutes
sortes de petites malices,
le renversa si adroitement
de son lit à terre, que le
Palais en trembla comme
d'un coup de foudre, &
que nous nous sauvâmes
en bas l'Engagé & moi,
avec autant de précipita-
tion, que si la mort la
plus épouventable avoit
couru apres nous. Le bon

homme la Forêt balança longtems à nous ouvrir la porte ; il étoit si alarmé, qu'il prenoit celle de la Cuisine pour celle du Magasin , & qu'il vouloit se cacher dans l'Armoire , au lieu de songer à faire alumer la lampe. Nos cris a-tirerent à nôtre secours le Grand Econome du Marquis ; & quand nous pûmes voir clair à ce que nous faisions , nous alâmes secourir le Prince étranger qui feignoit d'avoir perdu la parole , & qui contrefaisoit l'évanoüi avec une a-

fe&ation fi vifible , qu'il
penfa gâter tout le miftere.
Aucun de nous n'ût la har-
dieffe de fe recoucher , nous
achevâmes tous enfemble
de paffer la nuit à difcou-
rir fur l'amour que les
Zombis avoient pour le
Grand Perou , & le bon
homme la Forêt nous pro-
tefta qu'il y en étoit revenu de plus de trente façons
depuis qu'il y demeuroit.

Pour confirmer cette véine penfée,
Ce Diable, dis je, eft bien hideux;
Sa crainte avoit rendu mon ame fi glacée;
Qu'au lieu d'un j'en croyois voir deux.
Il a des ferpens pour cheveux;

Le corps fait comme une harpie,
Et porte dans sa pate impie
La Chimere pleine de feux.

Cette réüſſite que le plus
innocent des hommes au-
roit facilité auſſi bien que
moi, me fit paſſer pour le
Fenix des habiles gens,
dans l'eſprit de la Com-
teſſe ; Elle paya mon adreſ-
ſe imaginaire d'une infinité de loüanges, & des plus
douces careſſes où je pouvois aſpirer, pour un ſer-
vice de ſi peu d'importan-
ce. Je menai le Prince é-
tranger chez Elle, pour lui
donner le plaiſir de voir ce-

lui qu'Elle croyoit avoir si
bien joüé ; Elle lui fit redire plus de cent fois la
peur qu'il avoit euë , de
quelle maniere le Zombi
l'avoit jetté par terre , &
le serment qu'il avoit fait
de ne coucher plus dans la
Chambre haute ; & sa joye
étoit si parfaite d'avoir été
invisible , & Elle en con-
cevoit tant à le pouvoir encore devenir par mon mo-
yen ; qu'on auroit dit qu'-
Elle étoit devenuë fole , ou
qu'Elle avoit bû de l'eau de
cette fontêne Poëtique, qui
fait rire excessivement ceux

qui vont s'y defalterer.

La Femme eft l'animal la plus foïble du
monde,
Plus à redouter que l'Enfer
Et plus orageufe que l'onde;
La plus fainte vertu lui trouve un cœur de
fer ;
Le crime le plˀ noir la trouve toûjours prête
L'Ange cruel lui coëfe le bandeau ,
Et même cette fotte Bête,
S'expofe devant le careau
Qui lui doit écrafer la tête.

La Comtefle mettoit tout
en ufage pour achever de
s'infinuer dans mon efprit,
& pour aprendre à le faire
d'Elle-même quand il lui
plairoit. Je n'avois qu'à
fembler vouloir quelque
chofe

chose pour la mettre sur le
pié de me l'ofrir ; & ce pouvoir où j'étois entré sans
me l'être ouvert par aucu-
ne action extraordinaire,
ne continua pas legere-
ment à r'alumer dans son
cœur la passion dont Elle
avoit déja brûlé pour le
Prince Etranger. Il ne me
quitoit non plus que mon
ombre , & il n'y avoit
rien de plus propre que
lui , il répondoit même
avec assez de grace à tous
les personnages que je lui
faisois faire ; mais il étoit si
transporté de joye d'avoir

remonté fur fa bête, que
cét endroit de lui qui n'eſt
pas grand chofe , faiſoit
fouvent le Zombi , & ſe
rendoit veritablement in-
viſible toutes les fois qu'on
lui demandoit un peu de
vigueur. Neanmoins la
Comteſſe eut la diſcretion
de ne s'en plaindre qu'à
moi , & je l'en conſolai
facilement par la permiſ-
ſion que je lui donnai de
retourner porter la frayeur
chez les hôtes du grand
Perou. Cette nuit-là le
Prince étranger n'y étoit
pas, mais ſon petit Neveu

remplissoit sa place dans
ma Chambre , & Mon-
sieur de la Croix étoit couché en bas à côté du bon
homme la Forêt , & tout
dormoit , excepté moi,
quand la Comtesse infa-
tuée de son invisibilité pré-
tenduë , vint roder à l'en-
tour du Palais , avec un
apareil mieux imaginé de
beaucoup que la premie-
re fois , & qui sans men-
tir avoit quelque chose d'é-
pouventable. Je décends
pour la recevoir , & je ne
sçavois bonnement par où
je la ferois entrer dans la

Chambre du bon homme
la Forêt, à caufe qu'il en
avoit fermé toutes les portes à la clef, lors qu'aper-
cevant une lampe alumée
par une fenêtre qui étoit
entr'ouverte , laiffez-moi
faire me dit-Elle , voila
juftement mon chemin
tout fait ; & vous allez
voir que je fuis propre à
quelque chofe de plus que
ce que j'entreprens.

Quiconque vit jamais une Louve en furie
Entrer éfrontément dans une bergerie,
Pour acharner fa faim fur d'innocens a-
　　　gneaux,
　　Tel a vû la jeune Comteffe
Entrer par la fenêtre avec plus de foupleffe

Qu'un Poiſſon que le danger preſſe
Ne fend le clair criſtal des eaux.

Je me retirai tout bel-
lement dans ma Cham-
bre, & j'étois à peine dans
mon Hamac, que j'enten-
dis renverſer tous les meu-
bles d'en bas, ouvrir vio-
lemment toutes les portes,
& pleuvoir une grêle de
coups de bâton ſur le bon
homme la Forêt, & ſur
Monſieur de la Croix. Les
cris de ce premier ſe faiſoient entendre juſques au
Marigot, & l'autre ne s'en
réveilla ſeulement pas. La
Comteſſe ſe croyoit telle-

ment invisible, qu'Elle n'a-
voit pas voulu éteindre la
lampe, & qu'Elle se pro-
menoit entre les lits de
ces deux bonnes gens, avec
la même assurance que si
Elle avoit été aussi rari-
fiée, qu'il y a de matiere
dans son composé : Son
ravage dura demie-heure,
& c'est une merveille qu'-
Elle ne fut point décou-
verte, car tous les Negres
du Marquis du grand Pe-
rou, & son Econome, a-
riverent au secours du bon
homme la Forêt, dans le
tems qu'Elle sortoit de la

Scene par la porte où ils y entroient.

Aux yeux de tant de gens elle pût se cacher;
Je devine comment sans consulter l'Oracle,
La Foi ne trouve point d'obstacle.
Elle peut transplanter le plus ferme rocher,
Et ce fut elle enfin qui fit ce grand miracle.

Il y avoit eu si peu de raillerie dans l'action de la Comtesse, que le bon homme la Forêt étoit blessé à la main, & à la jambe gauche assez honnêtement ; & ce bon vieillard étoit tellement irresolu dans les jugemens temeraires qu'il en faisoit, que tantôt il m'en imputoit la malice,

& tantôt il en acuſoit l'E-
conome du Marquis : Il
pleuroit comme un petit
enfant, & ſa crainte avoit
jetté dans ſon cœur des ra-
cines ſi profondes , qu'il
fit alumer une ſeconde
lampe , & nous conjura
tous de veiller à ſes côtez.

Je crûs qu'il alloit rendre l'ame,
Il nous fit un ſermon qui me feigna le cœur;
Et je blâmai mille fois la rigueur
De cette impitoyable Femme.

La renommée de la Ca-
beſſe-Terre , qui vole plus
legerement que celle d'un
General d'armée , avoit
publié cette nouvelle au
Marigot avant la naiſſance

du Soleil, & chacun en difoit librement fa penfée,
felon la force & la pru-
dence de fon génie. Il y
en eut d'affez éclairez pour
juger que le Zombi du
grand Perou ne pouvoit
être que la Comteffe de
Cocagne fous mes aufpi-
ces, & ceux-là conclüoient
de nôtre bonne intelligen-
ce, que je pourois me ma-
rier avec Elle, fi Roland
le debonnaire étoit affez
fou pour fe laiffer mourir.
J'en écrivis à la Belle pour
fonder le fond de fon cœur
feulement, & Elle me fit

une réponse si passionnée,
que je connus aisément,
que si je voulois achever de
me rendre un sot parfait
en toutes mes parties, je
n'avois qu'à lui tendre la
main , & à recevoir la
sienne.

Encor que je sois laid & vieux
Ma proposition lui parut agreable,
Et ne la regardant que par l'endroit aimable
 Elle en rendit graces aux Dieux
 Comme d'un bien venu des Cieux.
 Jamais la laideur ne l'empêche
 De se mêler avec quelqu'un,
 Elle est comme celui qui pêche
 Et qui rit quand il en prend un.

 O Toi qui liras cét Ouvrage,
 Si tu trouvois dans ton passage

Cette mere de mon peché,
Certes tu ferois bien fâché
Si tu fuiois fon badinage,
Elle auroit cent jolis détours
Pour t'alumer de fes amours,
C'en eft la dangereufe fource;
Garde-toi de fes apetits,
Et rencontre plûtôt une Ourfe,
Dont on a ravi les petits.

Nous fûmes déjûner chez
Elle le Prince étranger &
moi. Bon jour le bel Ef-
prit, lui dis-je en la faluant.
Bien vous foit, mon Maî-
tre, répondit Elle ; difpo-
fez de vôtre fervante au
gré de vos defirs, & foyez
perfuadé de ma tres-hum-
ble reconnoiffance. Ah !

malicieufe, repris-je, aprés
nous être affis ; Je voulois
bien vous donner du plai-
fir, mais je ne voulois pas
que vous fiffiez du mal à
perfonne, & vous avez en
verité grand tort d'avoir fi
cruellement offenfé le bon
homme la Forêt ; il nâgeoit
dans fon fang quand nous
fûmes à fon fecours, & je
vis l'heure que la mort lui
alloit donner le coup de
grace. Vous vous moquez
de moi, reprit-Elle auffi,
& ce vieux chien-là meri-
teroit que je lui euffe caffé la tête, pour punition

des infamies dont il me
noircit l'autre jour en pre-
sence du Grand Perou,
qui n'en faisoit que rire.
Fort bien, Madame, a-
joûtai je ; mais quel sujet
de mécontentement Mon-
sieur de la Croix vous a-
voit-il donné ? c'est un si
honnête homme, & vous
n'avez point de raison de
ne l'avoir pas épargné.
Hûreusement il étoit com-
me enseveli dans son lit,
& les bords de son Hamac
se joignoient, sans cela je
ne le conterois plus au
nombre des vivans, & nous

E

serions bien-tôt entre les
mains de la Juſtice. Cela
n'eſt pas bien, Madame;
vous devriez moderer vô-
tre fureur, & n'abuſer pas
ainſi de vôtre inviſibilité.
Ah ! que vous me chatoüil-
lez agreablement par vô-
tre recit, s'écria la fole;
& que je ſuis pleinement
vangée de ce vieux loup,
qui m'apellois derniere-
ment p: & qui ne con-
noiſſoit point, diſoit-il,
une Chienne plus chaude
que moi dans l'Iſle. Plût-
à Dieu ! continua-t'Elle,
avoir auſſi bien étrillé tous

ceux qui m'ont infultée,
& qui n'en perdent que
l'atente.

> Chaque chofe dans la Nature,
> Lui dis-je, a fa proprieté
> Elle aime la varieté
> Et la fait éclater dans chaque creature,
> Le doux regard feduit le cœur,
> Les Lauriers plaifent au vainqueur,
> La roule pond, & le Coq chante,
> L'Abeille compofe du miel,
> Je fuis bon, vous êtes méchante,
> Vous atendez l'Enfer, & j'efpere le Ciel.

Cette reflexion la fit paffer dans un fi grand em-
portement de plaifir, que
nous dejunâmes le Prince
étranger & moi, fans pou-
voir l'obliger à porter à fa

bouche la moindre partie
des choſes qu'Elle nous a-
voit fait ſervir avec excés.
Mais le deſſert qu'Elle nous
donna merite bien que
j'en diſe quelque choſe.

Cette victime malhûreuſe
De la publique afection,
Me ſurprit ainſi qu'un Lion
Surprend une Brebis pureuſe,
Le luxe de la volupté
Avoit rehauſſé ſa beauté
Afin de vaincre ma foibleſſe,
Et la vertu ne me ſoûtenoit pas,
Quand, éloigné de la ſageſſe,
Je mordis goûlument aux fruits des païs-bas,
Avec le charme inévitable
D'un langage doux & flateur
Elle vainquit mon ame, & ſeduiſit mon
cœur.

Qui n'étoit pas impenetrable,
Si tu cheris le paſſe-tems,
Me dit cette adroite cauſeuſe,
Paſſons une heure bien-heureuſe
Et rendons nos déſirs contens,
Alors Elle me fit careſſe
Avec un viſage éfronté,
Et je fus auſſi-tôt domté,
Qu'Elle eût témoigné ſa moleſſe.
Prévoyant ce tendre conflit
Elle avoit parfumé ſon lit
De fleurs d'Orange & de la Chine,
Et nous foulâmes tant ces fleurs,
Que j'y fus bleſſé d'une épine
Qui me cauſe mille douleurs.

Nous paſſâmes le reſte
de la matinée dans une
joye entiere, & à prendre
de nouvelles meſures pour
faire encor le Zombi, &

sur tout pour éfrayer la
Mere du Marquis qui s'o-
posoit visiblement à sa fe-
licité, & qui faisoit le prin-
cipal empêchement de leur
Mariage ; car la Comtesse
a semé le bruit de la mort
de Roland , & en montre
publiquement une fausse a-
testation, qu'Elle a fait faire, pour s'en servir quand
les autres difficultez seront
levées. Le Prince étranger
acheva d'entrer tout-à-fait
dans notre confidence, je
leur fis confesser, à l'un
& à l'autre, qu'ils s'étoient
autrefois connus pleine-

ment & à loisir. Neanmoins nous ne dîmes pas
à la Comtesse qu'il étoit de
mon intrigue la premiere
fois qu'Elle fit le Zombi,
au contraire, je la remis sur ce chapitre, pour
en faire une nourriture à
fa joye, & pour faire ler-
vir ce puissant Irois à quelque chose.

Je suis certain que son Altesse
S'est fait l'esprit de la moitié,
En baisant chez la Comtesse,
J'ouvrois devant lui par pitié
Le chemin de la politesse,
Et je l'y poussois par adresse
Bien qu'il n'ait pas pour Elle une forte a-
mitié.

Elle m'aprit ce jour-là, que du vivant de sa Mere, Elle lisoit quelquefois dans un livre de magie, que la bonne Femme conservoit soigneusement, & qu'Elle y avoit trouvé tant de goût, qu'Elle s'y seroit renduë tres-celebre, si on ne l'en avoit point empêchée ; que ce livre renfermoit une infinité de secrets d'une merveille incroyable, & toutefois mis en experience. Sur tout, Elle me parla d'une certaine figute de cire, qui representoit une personne ennemie, & par

le moyen de laquelle on
se vangeoit invisiblement
de son original , toutes
les fois qu'il en prenoit
envie. Elle me demanda
si je sçavois ce que c'étoit;
je lui répondis que je le
sçavois , & Elle se conten-
ta pour lors de ma répon-
se. Mais à peine y avoit-il
une heure que nous avions
pris congé d'Elle , que je
vis entrer dans ma Cham-
bre le petit frere du Ba-
ron du Marigot , lequel
me presenta gros comme
le poing de cire blanche
de la part de la Comtesse

de Cocagne ; cét Enfant
me dit qu'Elle me prioit
d'en former deux images ;
l'une qui ressemblât à une
vieille de septante années ,
& l'autre à un jeune hom-
me dans sa puberté , &
que je ne manquasse point
à les lui porter avant de
me coucher , si je voulois
qu'Elle eut bonne opinion
de mon obeissance. Je donnai donc incontinent dans
le vrai de la chose ; il ne
faloit pas être sorcier pour
deviner une enigme si gros-
siere. Neanmoins , soit que
ce ne fut guere mon mé-

tier que de faire des poupées , ou soit que je me portasse à ce travail avec beaucoup de lenteur , le Soleil se déroboit à nos yeux quand j'ûs à peu prés figuré une vieille , telle que la Comtesse de Cocagne me la demandoit, & je ne lui portai que celle-là.

Prenez, lui dis-je , aimable pecherelle,
Ce simulacre de vieillesse
Pour acomplir vos loix j'amolirois l'acier;
Mais rien n'est caché sur la Terre,
Ce secret sera sçû , on m'en fera la guerre
Et je passerai pour sorcier.

Elle la contempla mille

fois des pieds jufqu'à la tête, & la trouvant mieux
proportionnée à fa reffem-
blance, qu'Elle ne l'avoit
peut être efperé, Elle me
baifa tant,& de fi bon cœur
que je ne doutai point que
je ne lui euffe rendu un
tres-grand fervice. Elle ne
m'aprenoit point d'abord
à quel ufage Elle avoit def-
tiné cette figure, Elle fe
contentoit de dire en la regardant, Aha, Margot,
je vous tiens, & je vous
ferai pour le moins autant
de chagrin que j'en ai reçû de vous par le paffé, ou

vous

vous marcherez à l'avenir
droit en besongne. Ce
nom de Margot acheva de
me rendre intelligible son
grotesque dessein , mais je
ne lui en voulus rien té-
moigner , afin d'avoir le
plaisir de l'aprendre de sa
propre bouche. Ce n'est
pas le tout mon Maître,
me dit-Elle , il faut faire
un coup d'ami , & prépa-
rer cette image à la ma-
niere de celles dont je vous
ai tantôt parlé. Je suis tout
à vous ; ne voulez-vous pas
être aussi tout à moi, & entrer dans mes volontez,

comme je suis rangée fous
les vôtres. Je ne vous dé-
guife point que vous avez
admirablement reprefenté
la Mere du Marquis du
Grand Perou , & que je
lui veux joüer piece , fi elle
continuë à m'être defavantageufe ; donnez donc la
derniere main à vôtre ou-
vrage , & rendez Margot
fufceptible de tous les
maux que je voudrai lui
faire fouffrir , s'il en eft
befoin pour mon repos.
Je fuis plus obeiffant que
vous ne croyez , Madame,
repartis-je , & le charme

y est déja ; mais de grace, usez en discretement , & ne faites-pas à cette pauvre Margot tout le mal que vous lui pouvez faire; il faut avoir un peu de conscience en tout ce que l'on se propose, & c'est assez que vous la fassiez un peu languir, en l'aprochant quelquefois du feu , ou en lui donnant quelque coup d'éplingue dans les fesses , quand elle parlera contre vôtre amour à son fils ; car si la fureur vous alloit emporter , & que vous la jettassiez dans le feu , ou que vous vinfiez à lui percer la cervele, la Mere du Marquis mouroit au même inftant ; & que deviendroient nos ames ? Vous pourez auffi l'empêcher de tomber de l'eau, & la priver de fes autres neceffitez auffi longtems qu'il vous plaira, en fermant l'un ou l'autre de leurs conduits naturels avec une petite cheville de cire commune. Mais encore un coup, Madame, foyez difcrete, & ne me reduifez point aux termes de me repentir d'une obeiffance fi aveugle. Non,

non, Monsieur de C. interrompit Elle brusquement ; ne craignez rien, dormez en assurance , & croyez que je mets ma colere dans de si bons fers, qu'elle n'en fort que par ma permission. Mais ajoûta t'Elle, je vous avois demandé deux images , & vous ne m'en avez aporté qu'une, fongez donc à faire l'autre , & venez demain avec le Prince étranger, manger des Tetars, que je ferai pêcher par mes Négres.

Sa priere étoî inutile,

Je ne panchois que trop à ne la quiter pas ;

Elle avoit fi-bien pris mon cœur dans fes
apas

Et fi bien allumé mon amoureufe bille,

Qu'encor que fa maifon ne foit qu'un méchant Trou

Où l'on ne peut entrer fans fe mettre à
genoû

Et recevoir la goute qui diftile ,

Je m'y plaifois mieux qu'au Perou.

Je n'avois pas fait encore
dix pas pour me retirer,
qu'Elle me r'apella , afin
de me dire qu'Elle fe fen-
toit affez de refolution
pour envifager fans frayeur
celui des efprits malins ,
qui étoit le miniftre ordi-

naire de mes volontez, &
le fecretaire de mes com-
mandemens, & que je lui
donnaffe cette fatisfaction.
J'avouë que tout mon fens
froid ne fut capable de
m'empêcher d'éclater à cette extravagance, mais cette violente joye ne me
dura pas, & je lui pro-
mis ferieufement que je
lui ferois fentir l'haleine
de celui qu'Elle difoit. Cela ne la fatisfaifoit point,
neanmoins je lui reiterai
tant de fois que c'en étoit
affez pour le premier ef-
fai, & que ces fortes d'ob-

jets ne se laissoient voir que partie à partie à ceux qui n'étoient encor que novices dans la profession, qu'enfin je m'en separai sans autre engagement de parole.

Je fus surpris de sa temerité,
Son ame m'aparut dans sa diformité.
　　A cette priere nouvelle;
　　Car pour dire la verité
　　Cette pensée est si fort criminelle,
Qu'elle ne marche guere avec impunité.
　　La Panthere la plus cruelle
　　Ne va pas se précipiter,
　　L'instinc qui la sçait agiter
　　Ouvre la voïe au devant d'elle;
　　Elle a quelque religion
　　Et craint d'ofenser le Lion;
　　Mais quand la femme est infidele

Elle cherche fa perte & fou trébuchement,
Elle y vole legerement,
Et fuit quand la raifon l'apelle.

Je rencontrai le Prince
étranger de l'autre côté
de la riviere ; je lui redis
toutes ces chofes comme
elles s'étoient paffées ; il en
eut un étonnement confor-
me au mien , & me jura
qu'il n'y avoit point de mé-
chanceté dont il ne la crût
capable , & que le Diable
avoit peut-être moins d'é-
fronterie qu'Elle , pour
commettre un crime ex-
traordinaire. Le lende-
main nous en fûmes con-

vaincus par une experience qui la doit rendre redoutable à tout le monde. Nous allâmes fur le foir manger les Tetars, dont Elle nous avoit conviez; mais avant de nous mettre à table, je la priai de me montrer Margot, afin lui difois-je, de connoître par fon afpect l'état de la difpofition de fon original. Ah! ma foi, me dit Elle, Margot eft toute brifée, je ne fçai qui diantre a joüé avec elle, mais elle n'a pas un membre qui foit dans fa place. Voila

qui ne va pas mal , repris-
je ; & c'eſt juſtement ce qui
me confirme dans la pen-
ſée que vous ne valez rien,
& ce qui me fait croire que
le bruit n'eſt pas faux , qui
dit que la Mere du Mar-
quis du grand Perou eſt
bien malade. Montrez,
montrez-moi Margot que
je la viſite, & que je tâ-
che à remedier à ſes bleſ-
ſures , je la guerirai in-
failliblement , car il n'y
a pas encore vingtquatre
heures que le mal eſt fait.
La Comteſſe de Cocagne
ouvrit un petit coffre ca

raybe , qui servoit de mo-
nument aux membres inu-
tiles de la pauvre Mar-
got , & me l'ayant enfin
aportée dans les mains ,
je lui trouvai une jambe
rompuë , un bras caffé en
trois ou quatre endroits ,
les yeux crevez & la tête
percée de part en part de
huit coups d'une éguille
monftrueufe. Je feignis
une affliction inoüie , &
cependant le Prince Etranger faifoit à la Comteffe
des reprimandes propor-
tionnées à fa faute , & lui
confeilloit de chercher des

voyes à m'apaiſer. Elle me
donna plus de cent baiſers
l'un ſur l'autre ; apres quoi
je remis Margot dans ſon
entier avec peu de peine ;
mais je ne trouvai pas bon
de la lui rendre, bien que
ce fut une choſe veine &
ridicule , parce qu'Elle
n'ofenſoit pas moins Dieu
ſur cette figure , que ſi
ç'avoit été une creature vi-
vante, & capable d'un veritable ſentiment, puiſqu'Elle avoit mauvaiſe volonté.

Mais quand on eſt né pour le vice,
Malgré l'empêchement tôt ou tard on y
 gliſſe ;

G

Si l'on en peut parfois éloigner le sujet
Et rompre le fatal projet,
On en irite la malice.

Nous nous mîmes à table , & mangeâmes de bon apetit les Tetars de la Comtesse de Cocagne; & nous étions sur le point d'en sortir , quand Elle me fit ressouvenir de la figure du Marquis du Grand Perou , & de l'haleine du secretaire de mes commandemens que j'avois promis de lui faire sentir, Pour l'image de vôtre serviteur , lui dis-je , ce n'est pas encore pour vous , je

connois par experience
que vous allez trop vîte
en besongne, pour mettre
dans vôtre pouvoir la vie
d'une personne qui m'est
chere, & à qui j'ai peut-
être de l'obligation ; mais
voici une bougie qui ren-
ferme l'esprit qui m'obeyt,
je la vais alumer, & quand
il lui plaira de faire sentir son haleine à la compagnie, je serai quite de ma
parole. C'étoit un morceau
de la cire qu'Elle m'avoit
envoyée par le petit frere
du Baron du Marigot, qui
renfermoit un long tuyau

de plume de Coq-d'Inde,
que l'Econome du Mar-
quis du grand Perou avoit
rempli de poudre à canon;
on auroit dit d'une chan-
dele, & j'avois si-bien ajuf-
té ce diablotin, qu'il fit
nonseulement les éfets que
j'en atendois, mais qu'il
répandit sa fumée dans le
nez de la Comtesse, sans
lui faire le moindre ou-
trage, mais d'une manie-
re admirable, & qui sem-
bloit n'avoir eu qu'Elle
pour objet, & qui la mit
entierement hors d'Elle-
même. Ce fut alors qu'-

Elle crut veritablement en moi, & qu'Elle m'aloit inviter à faire des miracles, où je suis aveugle comme une taupe, quand l'Engagé du Marquis survenant, il lui fit cette petite harangue de la part de son Maître.

Madame, lui dit il, Monsieur est revenu de la Grand-Terre, & il m'envoye vous dire que vous ne manquiez pas à venir encore cette nuit faire le Zombi au Grand Perou, de traiter son Econome comme vous avez traité son Sucrier, il vous en défie, vous & tous

*ceux qui se mêlent de vous
donner de bons avis.*

Nous n'atendions pas le
Marquis si-tôt, & son ari-
vée nous surprit tous également , la parole nous
manquoit au besoin , &
l'Engagé s'en seroit allé
sans réponse , quand jetant
des yeux instructifs sur la
Comtesse, je lui fis conce-
voir sur le cham la réponse qu'Elle avoit à faire ;
& comme Elle est facile à
émouvoir , & qu'Elle es-
peroit beaucoup de ma
protection ; Jule, dit-Elle
à l'Engagé du Marquis ,

dis à ton Maître, qu'il n'a rien à me commander, & que si la fantaisie d'aller au grand Perou me prend, ce ne sera pas sur son Econome que le Zombi fera son devoir , mais sur lui-même , & qu'il ne se donne pas plus de hardiesse qu'il n'en a.

Bien qu'Elle craignît son retour
Elle faisoit la valureuse,
La Perdrix menaçoit l'Autour;
La femelle artificieuse
Est un précipice profond
Dont on ne sçauroit voir le fond,
Qui pleure dans son cœur quand on la croit joyeuse,
Et rit en faisant la pleureuse;

L'Engagé dénicha legerement, & nous tinmes
le conseil avec plus de pru-
dence que nous n'en som-
mes naturellement capa-
bles. Nous avions fait partie le Prince Etranger &
moi, d'aller à la Riviere à
Goüiaves ; la Comtesse de
Cocagne m'avoit prêté un
Cheval, il en avoit un,
mais il lui manquoit une
selle, & nous allâmes au
Grand Perou afin d'en em-
prunter une. J'entrai fran-
chement, & le Marquis
qui étoit couché en bas me
fit toutes les caresses ima-

ginables , mais fa jaloufie
ne me difoit pas ce qu'elle
en penfoit. Il ne parla
point au Prince , & fon
Alteffe Iroife ne lui dit
rien non plus. Apres quel-
ques difcours indiferens;
je n'ai pas la clef de vôtre
Chambre , me dit-il , mon
Econome l'a mife dans fa
poche , vous le pouvez ape-
ler , il eft dans les Cazes
de mes Efclaves. Non ,
Marquis , lui répondis-je,
je vous rens graces , mon
deffein n'eft pas de me re-
pofer ; Nous avons lié partie fon Alteffe & moi ,

& nous monterons à Che-
val dans un moment, s'il
vous plaît de nous prêter
une felle qui nous man-
que.

Exiger le moindre fervice

D'un homme que l'on rend jaloux,

Ce n'eft pas le moyê de calmer fon couroux

C'eft un grand excez d'injuftice.

Comme j'achevois de lui
faire cette priere, fon Engagé, qui avoit eu l'ordre
d'épier nôtre conduite, lui
vint dire à l'oreille que la
Comteffe de Cocagne m'a-
voit prêté un des Che-
vaux de l'Iflet, & que je
l'avois ataché fous la Ca-

ze à bagaces. Il crut indu-
bitablement que la Belle
étoit de la partie ; & for-
tant brufquement du lit ;
Jule, s'écria-t'il , que l'on
me felle promptement un
Cheval, & un moment a-
prés il fe rendit chez Elle ;
où Dieu fçait le traitement
qu'il lui fit. Nous vîmes
du jardin , qu'en paffant
devant la Caze à bag a-
ces, il fit prendre, & re-
mener mon Cheval à l'I-
let, & cela nous obligea
d'aller chez le Baron du
Marigot, pour en emprun-
ter un autre, & une felle

pour le Prince Etranger ;
mais il n'y avoit rien à
faire : Si-bien que son Alteſſe s'en retourna au grand
Perou , & que je reſtai à
coucher chez le Baron à la
priere qu'il m'en fit.

Le barbare deſtin qui me livre la guerre
Et qui me fait courber ſous le poids de ſa
    loi
Ne m'a pas reſervé quatre pouces de terre,
  Ni ſeulement laiſſé dequoi
Pouvoir comme un Renard, coucher par-
  fois chez moi.

Je croi fermement que
Dieu avoit inſpiré à ce jeune homme de m'arêter ,
car nous avons ſçû depuis
      que

que le Marquis avoit re-
folu cette nuit-là de m'af-
fassiner au Grand Perou,
& le lendemain matin, il
vint avec une fureur de-
mesurée pour me maltrai-
ter chez sa sœur. Mais le
Baron, quoique son neveu,
le repoussa à la demi-lune,
avec tant d'honneur & d'os-
pitalité, que j'ai lieu de lui
en être éternellement re-
devable. Il est si peu capable de bruits que l'on
fait courir à son desavan-
tage, que l'on peut dire
au contraire, que c'est
l'honnêteté même, & qu'il

H

a tant de modeſtie & de
ſageſſe, que tous ceux qui
le connoiſſent ne peuvent
lui refuſer leur eſtime,
ſans ſe declarer ouverte-
ment ennemis de la ver-
tu. C'eſt une grande preu-
ve que l'obſtacle qu'il mit
au devant de l'aſſaſſinat
que ſon Oncle vouloit
commettre ſur moi.

Pourquoi fouler aux pieds les hommes
Parce qu'ils n'ont ni feu ni lieu,
Les plus fameux Anges de Dieu
Furent jadis ce que nous ſommes;
La puiſſance & l'autorité
Donnent-elles de l'integrité?
Que cette erreur eſt exceſſive!
Mais quoi, le ſort en eſt jetté;

Soit que je meure, ou que je vive,
Je vis & meurs de pauvreté.

Il étoit Dimanche ce
jour-là, & aprés que la fa-
mille du Baron m'ût con-
folé de l'infulte que le Marquis m'avoit voulu faire
& que nous eûmes déjûné,
nous allâmes à la Mefle,
& de l'Eglife nous revin-
mes au Marigot, où nous
fimes une débauche qui
regna deux heures plus
longtems que le Soleil.
La plufpart des principaux
Habitans étoient de la partie, & quiconque vouloit
mêler les blanches avec

les noires, fe fatisfaifoit
fans empêchement dans le
Magazin de Benjamin de
Gennes, où un amour E-
thiopien ouvroit la barrie-
re à tous ceux qui vou-
loient entrer en lice. Mais
quoique la liberté fut grande, on ne fit point d'autre
infolence que je fçache,
& l'on fe quita plus honnêtement qu'on n'a de coû-
tume de fe quiter du Ma-
rigot quand on y a fait la
débauche.

Jamais Bâcus ne fut plus raifonnable,
Jamais moins de fureur dans un excés de
vin,

N'envenima la joye & la paix d'une table;
Auſſi jamais Venus ne parut plus aimable
Et n'ût plus de pouvoir ſur ce pere divin.

Tout le monde avoit dé-
ja monté à Cheval, & nous
partions auſſi le Prince E-
tranger & moi avec la
Sonde, que nous tenions
par deſſous les bras, & qui
nous avoit priez d'aller
coucher chez lui, lorſque
le Vicomte du Carbet,
s'étant peut-être reſſouve-
nu que je n'avois plus d'ac-
cez au Grand Perou, re-
vint au galop ſur ſes pas,
& me força de prendre la
croupe de ſon Cheval ; je

dis qu'il me força, car son Alteſſe Iroiſe & la Sonde, vouloient que je leur tinſe compagnie, & j'étois bien aiſe de m'aler repoſer. Nous rejoignîmes dans un inſtant le Baron du Marigot ; & comme le vin étoit nôtre guide, & que les ivrognes ſont inſatiables, nous nous rendimes chez le Chevalier de la Cabeſſe-Terre. Nous y trouvâmes Monſieur de la Croix, & après avoir tous bû à la ſanté l'un de l'autre, du vin de deux bouteilles, que l'Oncle & le

Neveu avoient aporté, nous allâmes en faire autant chez Monfieur Dufaux ; mais nous n'y arivâmes que le Vicomte du Carbet & moi, car le Baron du Marigot s'étoit fecretement dérobé à la faveur des tenebres. Mademoifele Dufaux ouvrit en chemife, & nous dit que fon Mari n'y étoit pas ; mais le Vicomte l'ût bientôt trouvé, & nous achevâmes là de vuider nôtre bouteille, & nous leur donnâmes le bon foir.

La Belle que l'on réveilla
Avec douleur s'étoit levée,
Nôtre départ la confola,
Du chagrin de nôtre arrivée.

Je croyois vrai femblablement qu'apres avoir tant rodé, le Vicomte m'aloit mener coucher au Carbet, ou chez fon Neveu; mais fur ce que je me plaignois qu'il n'en prenoit pas le chemin, & que je ne pouvois plus me tenir à Cheval; Mon frere eft ce matin reparti pour la Grand Terre, me dit il, & il m'a prié de ne retourner point au Carbet, que

premierement je n'aïſe vû
comme les choſes ſe paſ-
ſent au Grand Perou,
nous y allons, & au re-
tour je vous menerai chez
ma ſœur. Bon, bon, ré-
pondis je, ce ſont plûtôt
les affaires de la Belle petite Négreſſe au Prince
étranger qui vous menent,
que celles de vôtre Frere;
mais cela ne dit rien, allons où il vous plaira,
pourvû que vous meniez
vôtre Cheval plus douce-
ment ; auſſi bien je fis hier
ferment à la Comteſſe de
Cocagne, que je la verrois

aujourd'hui à quelque heure que ce fût. Si mon Frere vous y atrape , reprit le Vicomte , il vous chaponnera , je vous en avertis , prenez-y garde : Il ne m'y atrapera pas ce soir , repliquai-je , puisqu'il est à la Grand-Terre ; obligez-moi seulement de ne vous en aller pas sans moi , je n'arêterai qu'un moment. Le Vicomte donna son Cheval à son Négre , qui ne nous avoit point quitez , il alla au Grand Perou , & je fus chez la Comtesse de Cocagne.

De même qu'un Dauphin n'arête
Et ne repose point ni la nuit ni le jour,
   Encor que l'humide séjour
   Soit agité par la tempête ;
   De même, l'homme est sans arrêt,
   Le jour & la nuit il est prêt
   A faire une action rebele ;
   Son oreille s'ouvre au peché,
   Il le trouve quand il l'apele,
   En quelque lieu qu'il soit caché.

Vous venez bien tard, me dit Elle ; où avez-vous laissé le Prince étranger ? Je l'ai envoyé faire le Zombi chez la Marquise de S. George, répondis je ; & demain vous entendrez dire qu'il aura tant fait de ravage pour vôtre service,

que vous l'en aimerez da-
vantage de moitié. Vous
l'avez donc rendu invifi-
ble , reprit-Elle ? Oüi,
Madame, continuai je, &
d'abord que vous m'aurez
rendu heureux , j'irai auffi
épouvanter la Mere du
Marquis du Grand Perou,
comme vous m'en avez
prié plufieurs fois. Mes
vœux furent agreablement
reçûs, enfuite dequoi Elle
me reconduifit jufques au
bord de la Riviere , où fon
deffein étoit de fe laver.
L'envie me prit de la voir
toute nuë , & j'atendois
qu'elle

qu'Elle eut quité ſes ha-
bits & ſa chemiſe pour
m'en aller ; mais cette Belle Maſſe de chair ne m'ût
pas plûtôt frapé la vûë,
& mes yeux n'ûrent pas
plûtôt reçû l'éclat de la né-
ge de ſon beau corps,
que mon cœur fut alumé
d'une nouvele flame, &
que je retournai à mon
vomiſſement avec une paſ-
ſion que je n'avois point
encore reſſentie. Elle s'a-
perçût avec joye de la
grandeur de mon raviſſe-
ment ; & ſaos mentir, je
lui débitai mille gentilleſ-

I

ses sur la sienne, qu'il me seroit impossible de redire, quand même le respect ne me le défendroit pas.

> Cette Femme prostituée
> A dans ses dangereux transports
> Fait perdre la vie aux plus forts,
> L'Isle en est toute infatuée;
> L'Ange terrible autant que laid
> En use comme d'un filet
> Pour perdre nos debiles ames;
> Son adresse amolit le fer
> Et sa maison pleine de flâmes
> Est sur le chemin de l'Enfer.

J'étois déja levé pour la quiter, quand Elle me pria de la rendre aussi invisible. Cela ne se peut, lui dis-je, pour cette nuit ; atendez à demain. Non repartit-Elle, n'atendons point à demain, je vous en prie. Puifque vous voulez tout fçavoir, repris je ; fçachez, Madame, que la maniere dont j'ai rendu le Prince étranger invifible, & que je le vais auffi devenir, n'a rien de commun avec celle dont vous l'étiez quand vous fîtes le Zombi au Grand Perou. C'eft en efprit que nous allons cette nuit voltiger deça & delà, tandis que nos corps refteront dans les aziers, ou sous quelque roche écartée du chemin. Hé bien, interrompit-Elle, n'importe, menez-moi avec vous, me voici déja toute nuë, & mon corps est assez bien ici. Vous êtes opiniâtre, Madame, lui disje encor; mais enfin je veux tout ce que vous voulez, & je ferai ensorte que les Zombis de ronde, qui sont mes petits cousins, viendront vous enlever ; mais je vous avertis d'être couchée sur le dos, d'avoir la bouche & les yeux fermez;

car si vous veniez à sortir
de vôtre place, à voir, ou
à parler, ce seroit fait de
vôtre vie. Vous entendrez
peut-être des voix qui tâ-
cheront de vous la faire
articuler ; donnez-vous-en
bien de garde ; les esprits
sont malins, ils vous se-
duiront si vous êtes credu-
le, & j'aurois beaucoup de
douleur, s'il vous arivoit
du mal. Je vais preparer
les choses qui sont necef-
faires à mon essor ; Adieu
Madame, si vous voulez
venir, observez bien tou-
tes ces loix, sinon, bai-

gnez-vous , & retournez à
la Caze , ce fera le plus
court.

> Quand un peu rentré dans moi-même
>
> Je découvre mon mauvais fruit,
>
> Je fuis comme un enfant la nuit
>
> Qui voit un fpectre pâle & blême,
>
> Je fuis plus agité cent fois
>
> Que les vertes feuilles d'un bois
>
> Batu du foufle de Borée;
>
> Mais helas ! un moment aprés
>
> La Girouette eft revirée,
>
> Je fonge à de nouveaux aprêts.

Je me hâtois tellement
de m'éloigner de cette fole , pour rire à mon aife
de fa facilité, que je tombai tout de mon long dans
la Riviere. Je rencontrai

le Fermier du Comte de Bellemontre, fous la Caze à bagaces du Marquis du Grand Perou ; il étoit pour le moins auffi gris que moi , je lui contai mon nauffrage , & lui confeillai de prendre garde à lui , & enfuite je pris la croupe du Cheval du Vicomte du Carbet , qui me conduifit chez fon Neveu. Je leur fis un recit fidele de ce qui s'étoit paffé entre la Comteffe de Cocagne & moi ; mais ils crurent que je leur en donnois à garder , & n'en firent point

de conte. Le Baron du
Marigot me donna son
Hamac, & fut se coucher
dans un lit qui est dans leur
sale , malgré son Oncle
qui vouloit l'emmener au
Carbet. La mere du Ba-
ron eut aussi la bonté de
se relever pour me donner
du linge , car je faisois pitié , & le froid m'avoit tran-
si. Je dormois comme une
marmote, & il y avoit, je
croi , plus de trois heures
que j'étois couché , quand
le Vicomte du Carbet re-
vint encore prier son Ne-
veu d'aller avec lui. Ils

s'évanoüirent en un clin
d'œil , & la mere du Ba-
ron décendit dans ma
Chambre , & caufa fort
longtems avec moi. Elle
fe plaignoït que fon frere
débauchoit fon fils ; & té-
moignoit beaucoup de cha-
grin de les voir aller courir le Guildou à une heu-
re fi induë, & prefque tous
nûs. Elle auroit parlé toute la nuit , mais je m'en-
dormois dans mes répon-
fes , & fa charité ne lui
permit pas de me priver
plus longtems d'un repos
dont j'avois un befoin ex-

trême. Le Soleil étoit déja levé que j'étois encore
au lit , & je m'habillois len-
tement, quand le Négre
du Vicomte du Carbet
vint chez la mere du Ba-
ron du Marigot querir les
habits de son fils , & un
Cheval pour l'aller que-
rir. Un moment aprés,
j'allai chez le Chevalier
de la Cabesse-Terre, où je
trouvai le Prince étranger
qui achetoit une grosse de
gans, & qui m'en donna
une paire. Nous bûmes
de l'Eau de vie , & j'obli-
gai son Altesse Iroise à

venir avec moi chez la
mere du Baron, pour mon-
trer aux jeunes Demoise-
les à faire de la frange
d'or & d'argent. Il m'a-
prit en chemin qu'il avoit
déja rendu visite à la Comtesse de Cocagne, & qu'-
Elle lui avoit dit que j'é-
tois un trompeur ; qui, au
lieu de la faire aller en esprit épouvanter les Peu-
ples du Marigot, comme
je lui avois promis, j'avois
fait venir des Zombis au-
tour d'Elle, qui lui avoient
fait mille épiegleries, &
qu'Elle n'avoit plus envie

de m'aimer ; que nean-
moins il avoit calmé son
couroux , & qu'il ne dou-
toit point que je ne refisse
bien ma paix.

J'ai des oreilles d'un sonneur,
Je ne m'étonne pas du bruit de la Comtesse,
   Elle a , dis-je, perdu l'honneur,
   Rien ne lui donne mal au cœur
Et ce qui s'est passé n'est qu'une gentillesse.

Nous trouvâmes bonne
compagnie chez la mere
du Baron du Marigot. Ben-
jamin de Gennes qui étoit
du nombre, & qui ne perd
pas une parole des nouve-
les qui se debitent chez le
nouvel hôte , nous conta

que

que le bruit étoit commun
des violences que l'on a-
voit faites la nuit paſſée à
la Comteſſe , & que l'on
m'en acuſoit principale-
ment. Ah! répondit la Me-
re du Baron , pour le coup
je ſuis témoin de l'injuſtice
que l'on fait à Monſieur de
C. il a couché ceans , j'ai
cauſé avec lui une bonne
partie de la nuit , & nous
rendrons témoignagne, s'il
le faut , qu'il n'eſt point ſor-
ti de ſon Hamac depuis dix
heures & demie , tout au
plus , que je lui donnai du
linge pour changer. La ve-

rité est ferme, dis-je aussi à Benjamin de Gennes, & le mensonge est foible, il se dissipe comme un nuage, & je vois envoyer querir la Comtesse de Cocagne, pour vous faire connoître qu'Elle n'a point de plain-tes à faire de moi, ou du moins qu'Elle n'en a point de la nature de celles dont la cronique scandaleuse m'acuse.

Je me sentois tant d'innocence
De tout ce qui s'étoit passé,
Que j'en faisois en conscience
Moins d'estime & de cas, que d'un
      verre cassé.
Ah ! me disois-je à la sourdine,

Le Lion marche à la rapine
Avec une fierté de Roi,
A son aspect on songe à soi
Plus qu'aux moutons qu'il extermine,
De crainte de plus grand danger
Chacun le laisse ravager ;
Mais lors que des bois il s'écoule
Dans les hameaux quelque Renard,
Il ne surprend point une Poule
Sans mettre sa vie en hazard.

Il n'y avoit pas un quart-
d'heure que je lui avois envoyé un Négre , quand le
sien me vint dire à l'oreille,
qu'Elle étoit à la bariere,
& qu'Elle demandoit à me
parler. Je la fus trouver ,
& je commençai par lui faire des reproches. Jamais je

ne lui ai vû l'air plus éfronté qu'Elle l'avoit ce jour là.
C'eſt à moi à vous querel-
ler me dit-Elle, & vous
joüez mon perſonne. Vous
ne m'avez pas mal dupée,
Monſieur de C. ! vos dian-
tres de petits couſins m'ont
fait mille folies ; ils m'ont
piqué les feſſes, mordu le
bout du nez, & araché la
moitié de la barbe de celui
que vous aimez tant. Ja-
mais de petits ſinges n'ont
pris tant de plaiſir à plu-
mer une pauvre poule,
qu'ils ſembloient en prendre à me l'aracher poil à

poil. Ils ont fait tout leur
poſſible pour me faire parler, & pour m'ouvrir les
yeux que j'avois bandez a-
vec mon mouchoir. Ils ont
même emprunté la voix du
Vicomte du Carbet & du
Baron du Marigot , &
m'ont mis un Chapelet
dans le bras pour me faire
accroire qu'ils n'étoient pas
des Eſprits malins , mais je
n'ai pas été ſi ſote que d'a-
joûter foi à leurs trompe-
ries : Ils prenoient toutes
ſortes de figures , & je
croyois parfois avoir une
centaine de rats ſur le vi-

sage, sur le corps & au bout des doigts, des pieds & des mains, où comme vous voyez ils m'ont honnête-ment morduë. Ne vous ont-ils fait que cela, Madame, lui dis-je? Hé, répondit-Elle, que voudriez-vous que des Rats m'ussent fait autre chose que de me mordre. Mais, repris je, ceux qui avoient emprunté la voix du Vicomte du Carbet & du Baron du Marigot, n'ont-ils pas porté leurs mains profanes sur celui que j'aime tant? Ne vous ai je pas dit, repliqua-t'El-

le, que ceux-là m'ont mis
un Chapelet au bras , &
qu'ils m'ont plumée, piqué
les fesses , & même fouïeté
avec des branches ; mais
pourtant celui qui parloit
comme le Baron du Mari-
got ne vouloit pas que l'autre me fouïetât, & il lui di-
soit , fi , fi , mon oncle,
pourquoi maltraiter cette
pauvre femme ? remenons-
là à sa Caze, le jour vient,
& tout le monde la verroit
là. Hé-bien , Madame, lui
dis-je, que ne croyez-vous
celui-là ; c'étoit un bon Esprit qui avoit pitié de vôtre

foiblesse, & à qui vous ne
devez point vouloir de mal.
Ils ne vous ont pas liée &
garotée comme le bruit en
court, puisque même vous
confessez qu'ils n'ont pû ob-
tenir de vôtre opiniâtreté
de vous ôter d'une place où
vous pouviez être exposée
à la vûë & à la risée de tout
le monde. Vous me l'aviez
défendu, méchant garçon,
répondit-Elle, & je croyois
d'autant plus aisément, que
c'étoit des Esprits malins
qui me faisoient tant de ni-
ches, que tout alentour de
moi cela sentoit le soûphre

ſi fort , que le cœur me
manquoit à tout moment.
Cela n'avoit garde de man-
quer à ſentir le ſouphre ,
lui repartis-je en riant ; car
les Zombis ne volent ja-
mais pour épouventer le
Peuple , qu'ils n'ayent dans
les mains des torches qui
en ſont compoſées ; & vous
êtes bien-hûreuſe , Mada-
me , de ne les avoir pas
vûës , car leur aſpect eſt
mortel , & perſonne des
humains n'en peut ſuporter
la ſombre lumiere.

Elle resta sans repartie
A ce discours qui ne vaut rien ;
La nature est si pervertie,
Qu'on croit mieux le mal que le bien.

Nous en étions là de nôtre conversation, quand Benjamin des Gennes, le Prince étranger, le Vicomte du Carbet, le Baron du Marigot, son petit frere, sa mere, ses sœurs & sa niéce survinrent, & prierent la Comtesse de Cocagne d'entrer à la maison. Elle ne se fit point déchirer, & dés que l'on eut pris des sieges, la conversation roula sur les Zombis du

Grand Perou , & fur l'a-
vanture de la nuit paſſée.
Elle demeura d'acord d'a-
voir fait l'Eſprit, mais Elle nia qu'Elle eut été mal-
traitée , & vomit mille im-
precations contre ceux qui
faiſoient courir de telles
impoſtures.

> Bien que couverte d'infamie
> Elle ſoûtint avec hauteur
> Que la ſageſſe étoit ſa ſœur,
> Et la prudence ſon amie.
> Ainſi parfois un aſſaſſin,
> Prend la robe de Capucin
> Pour mieux joüer ſon perſonnage
> Ainſi le plus ſouvent je lis
> Qu'une Louve court au carnage
> Couverte de peau de brebis.

Je croi que l'on n'a jamais
tant ri chez le Baron du
Marigot, que l'on y rit cette matinée ; chacun de nous
avoit ses raisons pour rire ;
& si je n'ûsse pas eu mon
dessein formé de partir
pour la Basse Terre, je m'i-
magine que la curieuse
Comtesse m'auroit nouvel-
lement prié de la rendre
invisible, car Elle ne se
souvenoit déja plus de la
peine qu'Elle avoit souf-
ferte, & les épines de ce
commencement de nôtre
intrigue, lui donnoient envie d'en venir aux roses qu'-

Elle

Elle se figuroit dans sa fin;
mais j'avois un Cheval arê-
té, & je ne pouvois dife-
rer mon voyage, sans cou-
rir risque de le faire à pié,
ce qui m'auroit été une
grande fatigue. La Com-
tesse de Cocagne qui ne
pouvoit consentir à mon
départ, voyant enfin que
j'y étois déterminé, me demanda la larme aux yeux
une heure de remise, pour
aller emprunter un Che-
val, afin de pouvoir m'a-
compagner avec bienseane-
ce ; mais l'Econome du
Marquis lui ôta ce Cheval

d'entre les jambes, de maniere que je fis mon che-
min tout feul, aprés neanmoins que le Vicomte du
Carbet, & le Baron du
Marigot m'ûrent protefté
avec d'horibles fermens,
que nonfeulement ils n'a-
voient point trempé leur
pain bis dans le pot au lait
de la Comteffe de Coca-
gne, mais que même ils
n'en avoient pas eu la penfée; & je connus à plufieurs
marques qu'il y avoit de
l'innocence dans leur fait;
Ceux qui auront plus de
clairvoyance que moi, pou-

ront peut-être en juger autrement ; quoiqu'il en ſoit, je m'en lave les mains.

Rien ne ſe peut longtems cacher à l'homme
     ſage ;
Comme dans le clair criſtal d'un ruiſſeau,
     On voit reluire ſon tableau
     Quand on s'y lave le viſage ;
     Ainſi l'homme ſage & prudent
     Avec facilité comprend
     A l'aſpect d'une Créature
     Ce qui ſe paſſe dans ſon ſein,
     Sans que jamais la conjecture
     Trompe un ſi merveilleux devin.

Je refléchis mille fois en marchant ſur l'avanture du Zombi du Grand Perou, & ſur la facilité de la Comteſſe de Cocagne ; & mon

ame prenoit plus de cou-
leurs diferentes qu'un Ca-
meleon. Mon peché me
faifoit peur quand j'envifa-
geois le Ciel , mais je le
trouvois fi beau quand je
regardois la terre, que même je ne doutois point que
les hommes ne m'en duf-
fent avoir beaucoup d'obligation , & qu'ils ne puffent
fans ingratitude refufer
leurs louanges à cette vic-
toire amoureufe , & des
mirtes à mon front. C'eft
de cette façon que le peché
nous bouche les yeux , &
qu'il nous ôte l'ufage de la

raifon; car enfin, quoique
le mortel puiffe faire :

> Il ne peut trouver de fageffe
> Ni de confeil contre fon Dieu ;
> Son vain raifonnement n'eft que pure foi-
> bleffe,
> Il voit fon enfer en tout lieu.

> L'Homme eft fi rempli de tenebres
> Depuis le premier jour que le cruel ferpent
> Sur fon fragile cœur répand
> Le miel empoifonné de fes confeils fune-
> bres ;
> Il eft tant dans fes actions
> Poffedé de fes paffions,
> Que cét aveugle de naiffance
> Sans pouvoir fortir de l'enfance
> Tombe cent fois le jour dans la foffe aux
> Lions.

Voila comme je paffois
le pinceau fur l'ouvrage de

mes mauvaises œuvres, & comme je soûpirois de douleur sur ma facilité à me laisser aller aux delices de la chair. Mais ces bons mouvemens ne firent que passer ; & de la confession de mes fautes, je tombai tout d'un coup dans l'insolence de les vouloir excuser, par des exemples fameux dans l'antiquité.

Quoi, disois-je en moi-même, ainsi qu'un
méchant homme,
Adam, Loth & Samson, David & Salomon
N'ont-ils pas tous mordu dans la fatale
Pomme ?
Je l'ai cent fois oüi dire au Sermon.
Si donc il est constant que de si bonnes ames

Ont brûlé de l'amour des Femmes ;
Las ! qui suis-je moi malhûreux
Pour resister à de pareilles flâmes ?
Serois-je bien plus sage qu'eux ?

Cesse, mon cœur, d'avoir tant de trif
tesse ;
Tout le monde n'a pas la vertu ni l'adresse
De parer les coups de la chair ;
Les Diables déchaînez dans les pleines de
l'air
M'ont fait subtilement tomber dans la mo-
lesse ;
Mais je n'ai pas en fin Renard
Surpris la Poulette à l'écart ;
Nous avons eu sa joüissance
Sans employer la violence,
Et ce fut Elle enfin qui seduisit le Coq ;
Le Coq doux au possible & plein de com-
plaisance
Ne fit que consentir au choq.

Si mes Prédecesseurs en gloire

Avoient sur ce corps yvoirin

Gravé leurs noms de leur burin

Leur-nombre ne pouroit entrer dans ma

memoire;

A' peine le sein lui perçoit

Que la Belle déja dançoit

Le doux passe pié de Bretagne

Avec le charmant flageolét

Sous les feüillages de Cocagne

Avec le Maître & le Valet.

Ces belles penfées, dont
le Ciel me punit juftement,
me fervirent d'entretien
jufqu'aux trois rivieres. J'i
mis pié à terre chez Ca-
dot, & ce bon garçon n'ou-
blia rien de fa civilité naturelle pour me recevoir

agreablement. Nous foupâmes tête à tête, & avec autant de tranquilité & de dégagement des inquiétudes de la vie, que Felix 4 apres fon Pontificat, dans le Château de Ripaille. Je lui donnai le divertiſſement du recit du Zombi du grand Perou, & de la folie de la Comteſſe de Cocagne. Je ne trouve rien de fort criminel là dedans, me dit-il, & vous n'êtes pas la cauſe des fautes que le Diable fait faire à ceux qui le cherchent. Neanmoins je vous plains; & le mauvais état

de vôtre fortune prefente
me fait craindre qu'on ne
s'en ferve de prétexte à
vous rendre criminel, &
que la médifance qui n'é-
pargne perfonne, n'em-
poifonne l'innocence de vôtre volonté, & ne vous
rende refponfable de la
conduite du Public. Je ne
vous le cache point, continua-t'il, on dit hautement
que vous êtes forcier, &
qu'il n'i a rien de furpre-
nant dont vous ne vous mê-
liez avec reüffite; le bruit
tuë, & quand on voit un
chien qui fe noye, perfon-

ne ne lui donne du secours.
Vous avez raison, repar-
tis-je, & loin d'être favo-
rable à cette malheureuse
bête ;

Chacun va la pierre à la main
Grossir ce spectacle inhumain
Et seconder son infortune ;
Ainsi, mon cher Cadot, quand le pauvre
est à bas
Chacun sur son corps en jette une
Afin d'avancer son trépas.

Qu'un Pauvre tombe de foiblesse
On dit incontinent qu'il tombe du haut mal
Le Pauvre, quoiqu'il fasse est un pauvre
animal
Dont par tout le Riche se blesse.
C'est vainement qu'il est tranquille & doux,
Chacun fuit son abord, il est haï de tous ;
On ne cherit que la richesse ;

Qu'un riche tombe du haut mal
On dit incontinent qu'il tombe de foibleſſe
L'Or eſt un merveilleux metal.

Cette contagion eſt telle
Qu'elle ſe répand en tous lieux;
C'eſt un vent peſtilencieux
Que ſoufle quelque ange rebele:
L'Or fait plus fléchir de genoux
Que le Sang de l'Agneau tres-doux
Qui ſouffrit une mort tres-aigre;
Cette erreur eſt ſi grande, & ce foible eſt ſi
.fort
Qu'on impoſoit la charge & le joug au
Bœuf maigre
Quand on adoroit le Veau d'or.
Chaque médiſant empoiſonne
La cauſe de l'homme indigent,
C'eſt aſſez qu'il n'ait point d'argent
Pour être ce qu'on le ſoupçonne;
Tous les hommes pour lui ſont autant
d'ennemis,

En

En vain n'auroit-il rien commis,
La médifance fe l'immole,
Et ce monftre inhumain dont Dieu le veut
      punir
Eft comme un oifeau qui s'envole
Et qu'on ne fçauroit retenir.

On juge de moi , continuai je par la couleur de mes plumes, & l'on me croit fort fubtilisé , à caufe que j'habille parfois une Ode en Epître , & que je fçais un peu apliquer l'azur & le corail fur les yeux & fur la bouche de Filis ou de Silvie : Enfin, je déplais, parce que, Dieu merci, je ne fuis pas tout-à-fait fem-

blable à beaucoup d'autres,
à qui mes conquêtes don-
nent de la jalousie, & que
je sçai naturellement l'art
de rendre pitoyable le cœur
d'une femme, & de décou-
vrir Venus au signe de la
Vierge. Nous causions de
cette sorte Cadot & moi,
quand le sommeil, qui ne
fait guere plus de cartier
que la médisance, mais
dont les blessures sont a-
greables & salutaires, nous
porta dans ses bras jusques
au point du jour que je
montai à Cheval afin d'a-
chever mon voyage. J'étois

si debile , & le cœur me
faisoit si grand mal , que
je m'étois pié à terre à tout
moment pour me soula-
ger ; je n'allois, pour ainsi
dire , que par ressors & par
machine, & toutefois il n'é-
toit pas encore deux heures
de Soleil que j'avois déja
ateint le Dos-d'ane , c'étoit
beaucoup pour moi en l'é-
tat où j'étois ; mais il est
vrai aussi que toute ma force étoit épuisée , & que je
perdois courage , quand je
considerois avec étonne-
ment l'apreté de cette mon-
tagne.

Je m'écriai cent fois sûr ce Dos-d'Ane
Sans qu'il me dût entendre, où me pût é-
coûter,
Ah ! pourquoi n'es-tu pas, ô cruelle Mon-
tagne,
Aussi douce à décendre & facile à monter
Que la Comtesse de Cocagne.

Enfin, je me reposai tant de fois, & je m'y évanoüis d'une maniere extréme. Je commençois à reprendre mes esprits, quand j'aperçûs à mes côtez Florimond & Nicolas Sergent, qui me secouroient avec beaucoup de charité, & qui m'avoient fait revenir avec de l'eau-de-vie. Je leur en té-

moignai ma reconnoiſſan-
ce du mieux qu'il me fut
poſſible; Et Florimond pre-
nant la parole, & me re-
gardant pitoyablement ; &
où allez vous, pauvre homme , me dit il ? êtes vous
donc las de vivre, que vous
prenez ainſi volontaire-
ment le chemin de la mort?
Rebrouſſez chemin , pour-
ſuivit il ; ou ſi rien ne vous
peut empêcher de vouloir
mourir , & que vôtre heure
ſoit enfin venuë , retournez au moins mourir dans
les bras de la Comteſſe de
Cocagne ; & n'atendez pas

que le trône que l'on vous
prépare à la Baſſe-Terre,
par l'ordre de la Juſtice,
ſoit achevé. Ce n'eſt pas
une raillerie, me dit auſſi
Nicolas Sergent, & l'on
aſſure que vous avez fait
des choſes ſi prodigieuſes
& ſi criminelles, que je ne
doute point que l'on ne
vous juſticie avant de faire
vôtre Procez. En verité,
leur répondis-je ſerieuſe-
ment.

Je ſuis fort étonné de ce que vous me
    dites,
  Mais je crains peu pour mes vieux ans,
Car ſans doute le Ciel donnera des limites
  A la cruauté des méchans.

Je l'avoüe, il eſt vrai, j'ai baiſe la Comteſſe;.

Tout le monde le ſçait juſqu'aux petits en-
fans ,.

C'eſt un effet de ma foibleſſe ,.

Mais l'amour fait tomber juſqu'aux Ele-
phans ;

Et pour vous dire tout', & ne vous tenir
guere ,.

Qu'ai-je fait que n'ait fait toute l'Iſle entiere ?:

Il eſt vrai, reprit Florimond, que la Comteſſe
de Cocagne eſt le plaſtron
public, & que perſonne ne
ſe morfond à ſa porte; mais
ne vous y trompez-point ,
Monſieur de C. ce n'eſt pas
pour avoir mordu à la gra-
pe que l'on vous menace de

la mort, on met au jour
tous les effets de la magie
qui vous ont couronné chez
le Petit-Dieu des cœurs,
& vous ne mouriez-pas in-
nocent si tout ce que l'on
dit étoit veritable.

Pour rendre vos maux plûs énormes,
On les décrit diverſement.
Celui-ci jure fortement
Que la Comteſſe prend par jour diverſes
formes ::
Qu'un ſoir il la vit en Taureau,
Qui fendoit le criſtal de l'eau
Pour paſſer dans vôtre Savane,
Et qu'à quatre, ou cinq pas de là,
Elle ſe convertit en Aſne,
Et que d'un ton mortel cét Aſne lui parla ;
Mais ſon cœur fut ſaiſi de crainte
Et tout prêt à s'évanoüir,

Ce vrai Baudet ne pût oüir
Ce que lui dit l'Anesse feinte;
Il se ressouvient toutefois
Que la Bête lui dit deux fois,
Oû courez-vous si tard, mon frere?
Ainsi mal à propos parle ce raporteur
Ce cruel au cœur de vipere
Qui depose contre sa sœur.

Celui-là non moins infidele
Et peut-être plus fourbe encor que le pre-
mier,
Dit, qu'un jour chassant au Ramier
Vers la maison de cette Belle,
Il en vit un sur le haut d'un sureau
Qui lui faisoit tout-à-fait beau,
Qu'il le tire, & le jette à terre,
Mais que baissé pour l'amasser,
L'oiseau se change en Femme, & la Fem-
me le serre
Et le force de l'embrasser.

L'un dit qu'il la vûë en Truye
Avec quinze Marcaſſins blans
Vers l'endroit du Marquis par où paſſent
    les gens
    Pour entrer dans ſa Sucrerie ;
    Et qu'en ce verdoyant pâtis
La Laye en belle humeur, & ſes quinze pe-
    tits
    Danſoient ſur les piés de derriere,
Tandis qu'au milieu d'eux un Bouc à poil
    de rat
    Chantoit en langage vulgaire
    Le Balet qu'on danſe au ſabat.

    L'autre jure, & rend témoignage
    Qu'une nuit cét Eſprit malin
    Dounoit à manger au moulin
    Qui tournoit comme vent d'orage,
    Et qu'enfin laſſe de ce jeu,
    Il la vit briller comme un feu
    Qui devore une vieille planche,

Qu'alors s'envolant elle dit
Puisqu'il est aujourd'hui Dimanche,
J'ai dû mettre mon bel habit.
    On ajoûte à cette fadaise
    Que tout l'Enfer dernierement
    La baisa successivement
    La nuit au pié de sa falaise;
    Que vous évoquiez les Demons
Dont vous sçavez & les rangs & les noms
    Pour leur faire ce sacrifice,
Et qu'enfin cette nuit vous fites mille éfors
    Pour tirer de cette novice
    Sa bien venuë en vôtre corps.

Si tout cela étoit vrai,
interrompis-je, je serois le
plus habile homme du
monde, & je vous aurois
épargné la peine de me secourir. Il y a longtems que

je ferois à la Baffe-Terre;
& le Dos-d'ane au deffus
duquel je me ferois élevé,
ne m'auroit point fatigué
au point que je le fuis. Mais
il n'i a rien de furnaturel
dans mes productions, il y
a feulement de l'impru-
dence & de l'indifcretion
& je ne crains point mes
faux témoins.

Celui qui peut me faire injure,
pour m'être un peu trop recreé
Sçait fort bien que Dieu m'a recreé
Et qu'il aime fa créature;
Quand il feroit auffi mauvais
Qu'il a de douceur & de paix,
Il confulteroit fon Oracle;
Mais enfin fi l'on pend ma chair,
Meffieurs

Meſſieurs, ſera-ce un grand miracle
De voir une Corneille en l'air ?

En terminant ce diſcours
qui les fit rire , je les re-
merciai de nouveau , je pris
congé d'eux , & je gagnai
enfin la Baſſe-Terre où l'on
m'atendoit avec impatien-
ce , pour me loger dans la
plus ſale & la plus profon-
de baſſe-foſſe qui ſoit dans
le Châteaufort

F I N.

N

PORTRAIT

DE
LA COMTESSE
DE
COCAGNE.

VERS IRREGULIERS.

ELLE auroit la Taille assez
    belle
  Si, plus chiche de son devant,
On ne la gâtoit pas comme on fait si
    souvent ;
L'Amour est nuit & jour auprés, ou
    dessus Elle.

  Si j'en veux croire les railleurs
Elle a fort peu de cheveux à la Tête ;

à

Les sujets qu'on en dit ne sont pas des
meilleurs ;
Ce n'est pas bien l'endroit par où j'ai vû
la Bête ,
Mais Elle en a beaucoup ailleurs
Car Elle est souvent arosée
De la plus douce des liqueurs ,
Et ma plume est croyable autant qu'El-
le est osée.

Sont Front où sont assis la molesse &
l'ardeur
A quelque chose d'admirable ,
C'est qu'on n'y vit jamais paroître la
pudeur
Ni la sagesse desirable.

Elle a les Yeux d'une Truye ,
Ce sont les plus petits d'ici ,
Elle doit les avoir ainsi

Puifqu'Elle mene une pareille vie.

Son Nez paſſeroit au beſoin,
S'il pouvoit ſentir de plus loin
Ce qui regarde ſa conduite;
Quand on le voit où ne prend point la
fuite,
Mais on le prend à témoin
Du malheureux état où ſon ame eſt re-
duite.

Elle a des couleurs ſur ſes Ioües
Qui repreſentent le printems;
Ce ſont les dangereuſes roües
De tous les criminels du tems.

Ie mépriſe ſon Sein, je le trouve mal
fait;
Il ne confiſte plus, ſon enflûre eſt mo-
lette,
Il diſtile la goutelette,

C'est un bien de ménage où l'on puise
à souhait ;
C'est pourquoi le Marquis du Grand Perou la traite
Comme on traite une vache à
lait.

Son Bras est aussi blanc que rond,
C'est une espece de merveille,
Et le cœur ne va que par bond
Quand l'œil en voit la beauté nompa-
reille.

La Comtesse n'ignore pas
La richesse de cét apas,
Elle ne doute point qu'il ne soit sans
reproche ;
La Friande voudroit que tout ce qui l'a-
proche
Fut fait de même que son Bras.

Sa Main n'est pas moins bien for-
mée

On croit en la touchant manier du sa-
tin ;

Aussi l'objet le plus mutin

Voit passer sa fureur ainsi qu'une fumée.

Quand la Comtesse à main-armée

Combat le soir ou le matin

Et quand la mêche est allumée.

Si son Ame avoit la blancheur

De son aimable Corps d'yvoire,

Ce seroit un Ange de gloire

Au lieu que le Demon n'est pas si grand
pecheur.

Pour ses Pieds ce sont deux créoles

Robustes à la verité,

Mais toûjours plein de saleté,

Et dans ma liberalité
Je n'en donnerois pas seulement deux
oboles.

A tout ceci doit être joint
Qu'Elle a pour le plaisir une fort bonne
couche ;
Si je ne dis rien de sa Bouche,
Lecteur, c'est qu'Elle n'en a point.

www.ingramcontent.com/pod-product-compliance
Lightning Source LLC
Chambersburg PA
CBHW072103090426
42739CB00012B/2851